WILL SHORTZ PRESENTS
THE MONSTER BOOK OF
SUDOKU

for Kids

WILL SHORTZ PRESENTS
THE MONSTER BOOK OF
SUDOKU for Kids

150 FUN PUZZLES

EDITED BY
WILL SHORTZ

PUZZLES BY
PZZL.COM

ST. MARTIN'S GRIFFIN
NEW YORK

www.stmartins.com

ISBN-13: 978-0-312-36842-5
ISBN-10: 0-312-36842-9

20 19 18 17 16 15 14 13 12

Introduction

The object of a sudoku puzzle, like the one on this page, is very simple:

Fill in the squares of the grid so each row, each column, and each outlined area contains each of the digits from 1 to 6, without repeating.

That's all there is to it.

Different sizes of sudoku puzzles will have different numbers of digits. A 4 × 4-square sudoku, for example, will use the digits from 1 to 4. A 6 × 6 sudoku, as shown here, will use 1 to 6. A 9 × 9 sudoku will use 1 to 9. The rule about not repeating, though, is the same for any size.

A sudoku can always be solved by pure logic. You never need to guess.

Take the puzzle, in figure a. (For purposes of illustration, we've labeled the rows from A to F and the columns from U to Z.)

	U	V	W	X	Y	Z
A		2		5		
B						5
C		5	3	6		2
D						
E	1		2			
F					3	6

A good place to start on this one is row C, because four of its six digits are already filled in. The digits still to be entered are 1 and 4. The digit 1 can't go in column U, because it already has a 1. Therefore, the first square of row C must be the 4 . . . and the fifth square, by elimination, must be the 1. See figure b.

	U	V	W	X	Y	Z
A		2		5		
B						5
C	4	5	3	6	1	2
D						
E	1		2			
F					3	6

Next, consider the upper-left box, because three of its six digits are already filled in. The digits still to be entered are 1, 3, and 6. Again, the 1 can't go in column U, because it already has a 1. Therefore, it must go in column V, between the 2 and 5. (The placement of the 3 and 6 can't be determined yet and must wait until later.)

Similarly, in the upper-middle box, which still needs a 2, the 2 can't go in column W, because it already has a 2. So it must go in column X, between the 5 and 6.

And in the upper-right box, which still needs a 3, the 3 can't go in column Y, because it already has a 3. So it goes at the top of column Z. See figure c.

	U	V	W	X	Y	Z
A		2		5		3
B		1		2		5
C	4	5	3	6	1	2
D						
E	1		2			
F					3	6

Where to look next?, Well, column Z has four of its six digits filled in. It lacks just a 1 and 4. The 1 can't go in row E, so it must go in row D, leaving the 4 for row E.

Now the lower-right box needs just a 2 and 5. The 2 can't go in row E, so it must go in row D, leaving the 5 for row E. See figure d.

	U	V	W	X	Y	Z
A		2		5		3
B		1		2		5
C	4	5	3	6	1	2
D					2	1
E	1		2		5	4
F					3	6

We won't explain every step in solving this puzzle, which you can easily do on your own, using just the logical techniques shown above. As a hint to the next step, though—try finishing row E, which now lacks only a 3 and a 6.

The completed puzzle is shown in figure e.

	U	V	W	X	Y	Z
A	6	2	1	5	4	3
B	3	1	4	2	6	5
C	4	5	3	6	1	2
D	5	3	6	4	2	1
E	1	6	2	3	5	4
F	2	4	5	1	3	6

This book contains 35 sudoku puzzles of size 4 × 4, 35 puzzles of 6 × 6, and 80 "full-size" puzzles of 9 × 9. Some of the ones toward the back of the book require slightly more advanced logic techniques than explained above . . . which we'll let you have the pleasure of figuring out for yourself.

Good luck!

—Will Shortz

Moderate

38

6	3			4	
1					6
		6	1		
	6	2			
3	4				2
2			5		3

Moderate

39

1				3	2
		2		1	
	3			5	
	1	6			
		5	1	2	
	2	3			1

Moderate

40

		1	3		
2	3			5	
4					6
	5	6		2	3
	4	2			5
	2				

Moderate

			4	6	
	5				3
1	6				
5		3	1		
6		2	5		4
	2			5	

Moderate

42

5		4	6		1
1					
2			1		3
3	1	2		4	
			3		
					5

Moderate

		2		5	
1	2		3	4	6
		6	4		
	3			1	
				6	
2			6		

Moderate

44

	5			3	
	4	5		2	1
6		1		4	
	1			5	
		4			
2	6				

Moderate

					3
6		5			
5	1		4		
4			5		
1					6
	6	2	1	4	

Moderate

46

5				6	4
1					
	6	4			
		5	4	1	
	1		2		
4			6		2

Moderate

47

5	6		1		
	3			1	
	2				6
6		3		5	1
					2
	1				

Moderate

		6	5		
	2		3		5
		1			4
4	5				
3	6		1	4	

Moderate

3	2	5		6	
		1			
				3	
1			6		5
	5	2			3
		4			

Moderate

				4	2
2			6		
					1
	4	1			
	3	2			
		6	3	5	4

Moderate

51

2		5	1		6
4		6			1
					5
		5	1		
		3	6		

Moderate

52

2	4			1	
		4			
	3	2			
	5			6	
1					3
		6	3		

Moderate

53

5			3		
		5		1	3
					5
	3				
			2		6
4				5	2

Moderate

54

4		1			
	3				
2	6		5	3	
	2	6		5	
		3		1	

Moderate

4		2			
2			5		
	1				
			6	3	
6	2		4		
	5				4

Moderate

1				5	
			3		
		5		4	
6				2	
		3	6		
5		4			

Moderate

57

	5	2	6		
1	6				
				3	
	1		5		
		6			5
	4				

Moderate

58

				2	
	2	6		4	
5				3	
6		1			
3					
	1			6	

Moderate

59

		4	6		
				6	
6	5				
		2	5		
	1				
	4	6			2

Moderate

60

2			3		
	4	5			
			6	4	1
				6	
	2				5
			2		

Moderate

	1			4	
				6	
	5	6	3		
		1			
			6		
2			5		

Moderate

62

	6		1		
		6	5		3
	5		2		
	4				
				4	6

Moderate

	5		6		
		1		2	
				1	
6		3			
	4	5			3

Moderate

			6		
3	2				
			3	5	
	1				
			5	3	4
5					

Moderate

					1
3			5		
				4	5
				2	
					4
	2	1			6

Moderate

66

	3				
2					1
		4	6		
			3		
1	5			6	

Moderate

		4			
			2	3	
1					
		1			2
			3	5	
			6		

Moderate

68

		2			
	5		1		2
	4				
				4	5
	3			6	

Moderate

69

		1			
			5		
2	3				
			1		
	6			2	
			3		5

Moderate

			5		
			2	3	
			4		6
	6				
					5
	1				4

Demanding

	1	7		6	2		3	5
		3	8			9		
		4		7		1		
5		8			3	7		4
	7		1		6	3	8	
			7		8			6
		1			7		9	8
				9	1		5	
3	9	5		8			7	

Demanding

72

5			2	6	8			4
			4				8	6
				1		9	3	
		1	3					7
8	2				6		5	
6			9		5	2	1	8
		4					2	
	6	5	7	2	9	8		1
2				5	4	7		

Demanding

73

	5	1	6				4	9
6	3			7	1			
2		7				6	3	
					5	8	7	
			8					
3	8		7	4	2			5
7	1				6			8
						9	5	6
5		8		9	4		1	

Demanding

74

9	2		5				1	
			1	3	9	2		
1	5	3	6		4		9	
3			8			9	2	
8		2			6			7
5	6			4				
7								4
	3	6			5	8		9
						1	3	2

Demanding

						1		
6					4		2	5
4		7	3		5		8	
		1		3		4		
2				5	9			
3		4	7				6	2
7	8			4		5		
	4		5	7		2		6
5	9			6			7	4

Demanding

76

3	2		9		7		4	
4	5		2			7		9
			3		4		8	
1							2	
	6	7		3	8			
	8		4	2		1		
				9		4	1	8
	3		8	7			9	
		1	5		2		6	

Demanding

	7	1		4			5	9
4				5	1	2	3	
		8		6	2			
3	5					4	2	6
1	4						9	
	6	9	4	2	5	3		
				7	4	5		
					8			2
				1	6	9		

Demanding

78

		3	8					
	5	9		4		7	8	
			6			9	4	
		6	4	8	7			9
	7				6	8	2	
8				2	1		3	
1	4				8	3	7	2
2			7		4		9	6
9		7		5				8

Demanding

	3	1			9			
5		7				8		
		2		7	3	5	6	
1	6				8		7	
				1				6
7	2	9				1	8	
	1				5	6	4	3
		5			6		1	
3	9	6		4			5	2

Demanding

80

			7	6				
					8	6	7	1
7		9	2	1			5	
2		8	1	7				9
			8		9			5
9		1		5		7		6
4			5					
3	8	5	6				4	2
1		2			4			7

Demanding

81

	4	1	2				3	
	2			4	7		9	6
			5	1	3			8
		4	3			6	2	9
	8					4	1	7
	6		4	7				
5				2			7	
			7	3	4		8	
4	7	2					6	

Demanding

82

	8		6		1			
	7	1	5	9				8
	2				4	5	1	3
		8			9	4	6	
	1	3		6				5
	6	7		4		3	8	
7		6	1	2			5	9
			9			7	2	
		2		5		1		

Demanding

83

4		8				7	9	
	5	7			1		6		
					2		3		5
2					3		4		6
	3		5					1	2
8	1		7	6		5	3	
9			2	4	5			
		2		7	6		4	
		1	3			2		7

Demanding

84

	3	6			7			
		1		4	2	7		
		8	5				2	
		7		3		2		
	2	9	8				3	4
	5		6			8		
9			4		3		6	8
	6			1		4	5	
4		5	2	6		9		3

Demanding

85

8			3					2
		2				5		
3		4	2	5		7		
	7	3						1
	2		1	6	3			
9		6	4	7	2		3	
				3	1	2	7	4
2				8	4		5	
			5	2	6			8

Demanding

86

				9			4	1
9		4	7		5			
			4		3	2		
8	9		2			3		
3			1	6		9		
7		1	3	5			2	8
	8	7		4			3	9
	2	5						
		9		8	1	7		

Demanding

7	6	8		1		2	3	
		2				1		9
9					3	7		
5	7	1				8		2
3			9	8			1	
	2			5	1		4	
	5		1		7	9		8
	9	7	6	4	8		2	
6				9				

Demanding

88

2	3		7	1	9		8	
	5						9	
8		9		6	4			2
5		1		7		8	6	
	4	3	8				2	
	7				2	3		4
7			2			9	4	
			9			5	1	8
	9		6	8		2	7	

Demanding

89

		5		2	6	8		
9				1	4	2	5	6
		8	5		7			
3				9				
7	1		4	6				8
	9	6		7	3			1
5		7	6				8	9
					9		2	3
			8	1	7	6	5	

Demanding

90

6			1	9	3			
4	2	5		1				3
3			4	5				
8	6	4		7	9		1	5
2				4	6		9	
9		7			1		2	
	4		1	9				
	8			2				6
		2			5	7		

Demanding

	2					9	3	
9			8	3	7		5	
	3	8			4	7		6
			9	5		2	6	7
		3			2		8	
2			4					
3		6	7	9		5		
	1	9		6			7	3
	5				8		1	

Demanding

92

2		5	6	3	9		8	
		8			7			3
	4			1	5			9
	7	1				6		
5	2	9		6	4	7		8
	3		7	2		1	9	
9								
7		4	9	8				1
1				7	2			

Demanding

93

				2				
9			6		1		4	3
		6		7	5			
2	4		8	5				1
3	1	5			6			
		8					5	2
5	9		7			2	1	4
		4		9		3		
1	6	2	5			7	8	

Demanding

94

5	8	3		7		4		
	1		4	2			7	
				8	6	5		9
	4		6			7		5
	7	2		4	8		9	3
				1	9			4
	9	4	2					
2	5	8			3		4	7
			8					2

Demanding

95

6	7			1			3	
3					7	6	5	9
9	8				4	7		2
	9	6					7	
8		7		9	6	1		3
		3			2			
			4			5	2	
	6	4	8			3		
5			7					1

Demanding

96

9	8					2		7
		3			9		6	
			2				8	9
5		7			3			6
	9	8	4		6			
		2	9		7		4	1
	7	9	1					3
	5			9				2
3	2	6		7		1		8

Demanding

				9	5			
	3	5		7		2		
		2			4			
		1					9	3
8	7		6	3		1		4
	4	3	7		9		8	2
7			5		3	8	2	
1					7			
3		4	8		1		6	

Demanding

98

5		9		2	4			
	4				1			2
	6	8		3				
8		2	6		7	4		3
6	3	4			9	2	1	
			3	4	2		9	
4	7							
		5	2					
		1	4	7	8	3		5

Demanding

99

3	4		5		2		1	6
5			6					
		1	4	3				2
8				3	6		4	9
	6	4					2	
2		3	4			6		1
4		7	8	6	1		9	3
		2	3		9			
1				2	4			5

Demanding

100

	9			1	2	4		3
1	2	3		8			6	
5		8	3	9			1	
3		4	9		5			
		2	1	4				
		5			8	6		7
	3						9	4
	8			5		2	3	
			6			1		8

Demanding

2			9	1		8		
				3	4	1	2	
1	6		2	8	7		5	
				2		6	3	4
7				6				1
6			8		1	7		9
4	8			7		3		
5					8		4	
	2		6		5	1	9	

Demanding

102

	1							4
						1	7	9
2			7		1	8	5	
	8		9		4	2		1
4		3		1			9	
	2			5	3	7		
8					9			
7	6		3			4	1	2
	4	5		6		9		

Demanding

8				4		7	3	
			5				9	
		6	7				8	
6		3		9			5	7
				7	1	9	2	
2		9	8			1	4	
		2	3	8			1	9
		7		1	4			
	3	4		6		2		

Demanding

104

2		3				6		
	9	8	5				4	7
6				3	4		9	1
	6	7			1			2
					3			9
						4	3	
7	5		3		8			
	3			5			2	8
8		6	4	2			7	3

Demanding

105

	1		3		7			
					6	4	1	8
		8		4	1			
3		1	4			6		2
	2	6	1	5	8			
		4				1		5
7					4	5	2	
2				9				1
	4		8	3	2	7		9

Demanding

106

		7		2	3			6
			1	4	8	9	3	
	3		5					2
2	8				9	3	6	
	7			3				1
			4		2	7	5	
7	4			5			2	3
8	2	6					4	5
1	5		2		4		7	

Demanding

107

9			6	5	8			
	1	2	7	9				
		8		3				
1	4		5		9			
2			4	7		6		5
	3				2	9	7	4
8	2		3		7	1		9
3		4		8		7		
	5					8		

Demanding

108

7		9	8		6	2		1
1			5	9	4			
		3		2	1	9	8	
5	2	1					9	4
6	4		9					
							2	8
	9		4			5	3	2
	7				9			6
				5			7	9

Demanding

109

	5			7				4
9		3	5	1	4			
8	4		6		9	3	7	
	3		4					6
4	1	7		6	3	5		9
		2	9		1			
1	6		8	9		7		
					5		9	
	9		1		6	8	5	2

Demanding

110

8					7		1	5	
		9			1				7
	1				5				3
2				8		7			6
6		7		1		5		2	
3	5	8		2		4	9		
	3							4	
	7			3	2	6			
1				7		9		6	5

Beware!
Very
Challenging

		8	2			5		
	9			6				
6	4		7	3				
4	5	6		9				
	7				4			
3	8		5			4		
			9	2				1
7		5		8		9		
	1					8	4	

Beware!
Very
Challenging

	5		7				1	4
	1	9		8				
	7	2						3
1					7	5	2	
2	3	5	6				9	7
8			1			3	4	
7				5			3	
9	2	6	8					1
5			2	7		6		

Beware!
Very
Challenging

113

	1				7			
	8	2	1				3	
9		7					6	1
8		1	4		5			
						5		3
7				8				9
1			2	4				
4		9	3	1	8			2
6		8	5		9			4

Beware! Very Challenging

114

						6		8
4			7		8			1
7		8					9	
			5	4				
		4	6		3			
3	5	1	9				6	
9	8			3		7		5
5		6		7	2			9
			8					

Beware!
Very
Challenging

115

			5				1	
					6		5	4
	3	1		2	4		6	7
1		6			5	8		
		2					4	6
7		3			2			
2			6	9				
					3	1	7	
							8	

Beware! Very Challenging

116

				9			4	2
5		9			4	1		7
			5					
	2		3		1	9		
	7		4	8	2		3	
		6				8		
4	5	2		1		7		
	1	8		2	6			
	9		8				1	

Beware!
Very
Challenging

117

					3		7	8
	3	7		9			6	
	9		1					
				4		8		5
3					8		4	1
			2					
5								
	6		4				5	9
			8			3		6

Beware!
Very
Challenging

118

	7						2	4
	3	6						
	1	4	7			9		
8	4			9		6		
		1	4			8		2
6					1	5		7
			6	2			7	
	6			8	7			
7		5	9			2		1

Beware!
Very
Challenging

119

		9	1	3				
6				9			5	
		8			2		4	
		5		2		9		
		7						
3	6	4					7	5
					1			
			2	5	7		8	
	1		3		4			6

Beware!
Very
Challenging

120

				9	8	7		
	2				3			1
1			2	7	6			
5	1	6				2		8
				5				
4			9			1	3	
			7					
2						8		6
	3	4				9		

Beware!
Very
Challenging

121

		7						
				2			4	
2		5				9	7	3
				3		1	5	
	1	6			2	8		
			7		6			
1	9							
6	5	2					3	
		8	5					2

Beware! Very Challenging

122

9			4		2	3	6	
	6	2						
3				7			1	2
4		6		8		7	3	5
		7					9	6
								8
	7			6		9	5	3
6		3	7		1	2		4
2		8	5		4			

	7	5					2	4
4		1	7		6	5	3	
		8		4				9
	9	3	1	6			8	7
					7			5
	8				4	9	6	
7		4		3	8	6		
	6	9	4	2			5	3
3						8		

Beware!
Very
Challenging

124

					5	1		4
		4			6	8	9	2
	9	3						
				5				
		9	8	3	4			
	5	7	6			9		
1			7			2		8
		8			1			5

Beware!
Very
Challenging

125

							7	9
2					7	6		8
	9	1	8			2		
9				8				
	4			5	6			
	3	5	1					
			9					
1		6		7	4			
					5		2	

Beware!
Very
Challenging

126

						4		
	7		3		8	1		
6				9	2	8		
		1			6			
		3						2
5			9					
	2		1					3
	3	5	8		4		6	
1				2			4	

Beware!
Very
Challenging

127

	2		8				4	
			5				6	9
4					9	5		
2			9		4	8		
3	4				1			
	1					2		
			6	1				3
8	3							
			2		3		5	8

Beware! Very Challenging

128

2				1				
4				3		2		6
	6	3				8	1	7
7	5		4		1		3	
1					5			
	2					1		8
8		6	3	4			2	
	4					6		
3		2	8					9

Beware!
Very
Challenging

129

2	4						1	
					4	9	2	
	7			9		8		
				3	2			
9							5	1
			8		6	7		
	6	1						
4		8		2				
	3		5	9			6	

Beware! Very Challenging

130

		9	3	7			6	
8			9			1		
							9	4
3			2	5			1	8
		5		4				
7			8	1	9		4	
6	5		1					
	2	7	5			6		

Beware!
Very
Challenging

131

4							2	
	3		5		9			
9			1					
			4					
	4				5	7	8	1
			7		3		9	
		9		7		6	3	
6		7		8		4		
						2		

Beware! Very Challenging

132

		6	8	3				
			1			8	5	
					9	6	1	2
	4							
			9			4	3	5
	3	5		8	1	2	9	6
3	6		2				7	4
9								
	1			6		3	2	

Beware!
Very
Challenging

133

9								5
		1		2	3		7	
	2						3	4
	6		9	8				
		2					4	
	5	8	4					6
			6	9				2
2				4		1		
5		6		7			8	9

Beware! Very Challenging

134

			9			8		
			5		6			9
8				3			2	1
6		5	8					
		3			5	4		
	8		4			5	7	2
	7				1			
4							6	
	3							5

Beware!
Very
Challenging

6							3	
9	3	5				6		
	1						5	4
			8	3				
	8	1	7					3
		6			9			2
	2			7			9	6
	5				1		7	
7			3			4	2	

Beware! Very Challenging

136

			4	3			9	
4				7	8	5		
			6	5		7		
	3			6		8		1
2		5	7		9			
	4	6			5			9
5		4			3		8	
	6	1		9	7		4	
3								

Beware!
Very
Challenging

137

	8	7		1				
		9						4
3								
			6			4	9	2
	6	4			5			
				2	3			
9					1	5		
							6	
1	4		5		7		8	3

Beware! Very Challenging

138

	9				2		4	6	
			3	9			2		7
	7		6		8			5	
	3		8				7	4	5
		8	9	4					
		1							
		7					1		4
	6	9							
1				3					8

Beware!
Very
Challenging

139

3				2		4		6
		4					8	1
				6				9
								5
	8		7	6				
9		2		1	4	8		
	5							7
7	2		6		5	9	3	
4		3			9			8

Beware!
Very
Challenging

140

		3						
6						8		
1								2
			7					9
3		4		5	8			1
		2	1		3			4
	8	5	4					
						6	7	
				9	7	4		8

Beware!
Very
Challenging

				3	5			
9	6					2		
3				2	8	4		
		8			5			4
	7							6
			7			9		
7	5		4		6	1	9	
	9	7		1		8		
	8	1	6	9	7		5	

Beware!
Very
Challenging

142

8			1	6		5		
		5	8			7		6
	6	3			5			4
3	8						5	
4			9		1	3	7	2
9			5					1
						9		
7		8	6					
6	2	9			7		1	8

Beware!
Very
Challenging

143

		4		8	6			
		2		9		6		3
	1		5		4			
				6	3		7	
6	8			1				
9		7			5	4		
	4				8		6	
5						2		
	6	8				7		

Beware! Very Challenging

144

			3				5	4
	1			5		6	2	8
2					8			1
	6							
4			1				8	3
	2	9		8	3		7	6
5		2	6		7			
8			2	1				7
						3	6	

Beware!
Very
Challenging

145

		9			8		6	
								3
		5			9			1
6		1			4		7	9
3			1	8		2		
4		6					5	2
2	1	3						
			4		7			

Beware! Very Challenging

146

2				3		1		
	9	5						
		4		7	6	9	5	8
				1		6	8	9
4				9				7
		2			5		1	
			8	2				3
		3		4	7		9	5

Beware!
Very
Challenging

4		2	8				5	9
7		6	9	3		4		
9				4	2			
	7	3	2		9		4	
		1		6			3	7
2	6				7			8
3	5							
	4			2		5		1
	2	9		8	4	7		

Beware! Very Challenging

148

6		7			8			
					5	7	3	8
	9			2				
		4				3	8	7
8		1		7			5	
	3						6	2
	8		6			4		9
		9	3		7	5		6
5			1		4			

Beware!
Very
Challenging

				2	7	4		9
							8	1
9					1			2
		2		7				
5	8		2	9			1	
7	4			8	5		9	
8			3				6	7
	9			1				4

Beware! Very Challenging

150

				4	9	2		
				2				
2	9	8	1	6				
8	2	3	5	9	4	7	1	6
1	7	9	2			8	4	5
			7	1	8	9	2	3
3						4	7	
7		5					6	
		2				3		8

ANSWER KEYS

1

1	4	3	2
2	3	1	4
3	2	4	1
4	1	2	3

2

3	4	1	2
1	2	4	3
4	3	2	1
2	1	3	4

3

3	4	1	2
1	2	3	4
4	3	2	1
2	1	4	3

4

1	2	3	4
4	3	2	1
2	1	4	3
3	4	1	2

5

3	4	2	1
1	2	3	4
2	1	4	3
4	3	1	2

6

1	2	4	3
3	4	2	1
2	3	1	4
4	1	3	2

7

1	4	3	2
2	3	4	1
4	1	2	3
3	2	1	4

8

3	4	1	2
1	2	3	4
4	3	2	1
2	1	4	3

9

1	4	2	3
2	3	1	4
4	1	3	2
3	2	4	1

10

3	1	4	2
2	4	1	3
1	3	2	4
4	2	3	1

11

2	4	1	3
1	3	4	2
3	1	2	4
4	2	3	1

12

3	1	4	2
2	4	1	3
1	2	3	4
4	3	2	1

13

3	1	4	2
4	2	1	3
2	4	3	1
1	3	2	4

14

1	3	4	2
2	4	1	3
4	2	3	1
3	1	2	4

15

2	1	4	3
4	3	2	1
1	2	3	4
3	4	1	2

16

2	4	3	1
1	3	4	2
3	1	2	4
4	2	1	3

17

4	2	3	1
3	1	4	2
2	4	1	3
1	3	2	4

18

1	3	2	4
2	4	3	1
3	1	4	2
4	2	1	3

19

3	1	2	4
4	2	1	3
2	4	3	1
1	3	4	2

20

4	1	2	3
3	2	4	1
2	3	1	4
1	4	3	2

21

1	4	2	3
2	3	1	4
4	2	3	1
3	1	4	2

22

2	4	3	1
1	3	4	2
4	2	1	3
3	1	2	4

23

4	2	3	1
1	3	2	4
2	1	4	3
3	4	1	2

24

3	4	2	1
2	1	4	3
1	2	3	4
4	3	1	2

25

2	4	1	3
3	1	4	2
1	2	3	4
4	3	2	1

26

2	1	3	4
3	4	1	2
1	2	4	3
4	3	2	1

27

1	3	4	2
2	4	1	3
4	2	3	1
3	1	2	4

28

4	3	2	1
1	2	4	3
3	4	1	2
2	1	3	4

29

2	3	1	4
1	4	3	2
4	1	2	3
3	2	4	1

30

2	4	3	1
3	1	2	4
4	3	1	2
1	2	4	3

31

1	3	4	2
4	2	1	3
3	4	2	1
2	1	3	4

32

4	1	3	2
3	2	1	4
1	4	2	3
2	3	4	1

33

2	3	4	1
4	1	3	2
1	4	2	3
3	2	1	4

34

1	3	2	4
2	4	1	3
3	1	4	2
4	2	3	1

35

3	4	2	1
1	2	3	4
2	1	4	3
4	3	1	2

36

3	6	1	2	5	4
2	1	4	5	6	3
5	4	3	6	1	2
4	3	6	1	2	5
1	2	5	3	4	6
6	5	2	4	3	1

37

2	6	5	1	4	3
4	1	2	3	5	6
5	3	6	4	1	2
1	2	3	5	6	4
3	5	4	6	2	1
6	4	1	2	3	5

38

6	3	5	2	4	1
1	5	3	4	2	6
4	2	6	1	3	5
5	6	2	3	1	4
3	4	1	6	5	2
2	1	4	5	6	3

39

1	6	4	5	3	2
4	5	2	3	1	6
2	3	1	6	5	4
3	1	6	2	4	5
6	4	5	1	2	3
5	2	3	4	6	1

40

5	6	1	3	4	2
2	3	4	6	5	1
4	1	5	2	3	6
1	5	6	4	2	3
3	4	2	1	6	5
6	2	3	5	1	4

41

2	3	1	4	6	5
4	5	6	2	1	3
1	6	5	3	4	2
5	4	3	1	2	6
6	1	2	5	3	4
3	2	4	6	5	1

42

5	3	4	6	2	1
1	6	3	2	5	4
2	4	5	1	6	3
3	1	2	5	4	6
4	5	6	3	1	2
6	2	1	4	3	5

43

4	6	2	1	5	3
1	2	5	3	4	6
3	5	6	4	2	1
6	3	4	5	1	2
5	1	3	2	6	4
2	4	1	6	3	5

44

1	5	2	4	3	6
3	4	5	6	2	1
6	2	1	3	4	5
4	1	6	2	5	3
5	3	4	1	6	2
2	6	3	5	1	4

45

2	4	1	6	5	3
6	3	5	2	1	4
5	1	3	4	6	2
4	2	6	5	3	1
1	5	4	3	2	6
3	6	2	1	4	5

46

5	3	2	1	6	4
1	4	6	5	2	3
2	6	4	3	5	1
3	2	5	4	1	6
6	1	3	2	4	5
4	5	1	6	3	2

47

5	6	4	1	2	3
4	3	2	6	1	5
1	2	5	3	4	6
6	4	3	2	5	1
3	5	1	4	6	2
2	1	6	5	3	4

48

1	4	6	5	2	3
6	2	4	3	1	5
5	3	1	2	6	4
2	1	3	4	5	6
4	5	2	6	3	1
3	6	5	1	4	2

49

3	2	5	4	6	1
4	6	1	3	5	2
5	1	6	2	3	4
1	4	3	6	2	5
6	5	2	1	4	3
2	3	4	5	1	6

50

3	6	5	1	4	2
2	1	4	6	3	5
4	5	3	2	6	1
6	4	1	5	2	3
5	3	2	4	1	6
1	2	6	3	5	4

51

2	3	5	1	4	6
1	6	4	3	5	2
4	5	6	2	3	1
3	2	1	4	6	5
6	4	2	5	1	3
5	1	3	6	2	4

52

2	4	3	6	1	5
6	1	5	4	3	2
5	3	2	1	4	6
3	5	1	2	6	4
1	6	4	5	2	3
4	2	6	3	5	1

53

5	1	2	3	6	4
6	2	5	4	1	3
3	4	1	6	2	5
2	3	6	5	4	1
1	5	4	2	3	6
4	6	3	1	5	2

54

4	5	1	3	6	2
1	3	2	6	4	5
2	6	4	5	3	1
3	2	6	1	5	4
5	4	3	2	1	6
6	1	5	4	2	3

55

4	6	2	1	5	3
2	3	6	5	4	1
5	1	4	3	2	6
1	4	5	6	3	2
6	2	3	4	1	5
3	5	1	2	6	4

56

1	2	6	4	5	3
4	5	2	3	6	1
3	6	5	1	4	2
6	3	1	5	2	4
2	4	3	6	1	5
5	1	4	2	3	6

57

3	5	2	6	4	1
1	6	4	3	5	2
4	2	5	1	3	6
6	1	3	5	2	4
2	3	6	4	1	5
5	4	1	2	6	3

58

4	3	5	1	2	6
1	2	6	3	4	5
5	6	2	4	3	1
6	4	1	2	5	3
3	5	4	6	1	2
2	1	3	5	6	4

59

1	3	4	6	2	5
4	2	5	3	6	1
6	5	1	2	4	3
3	6	2	5	1	4
2	1	3	4	5	6
5	4	6	1	3	2

60

2	1	4	3	5	6
6	4	5	1	2	3
3	5	2	6	4	1
4	3	1	5	6	2
1	2	6	4	3	5
5	6	3	2	1	4

61

6	1	5	2	4	3
3	2	4	1	6	5
4	5	6	3	2	1
5	6	1	4	3	2
1	3	2	6	5	4
2	4	3	5	1	6

62

5	6	3	1	2	4
1	3	2	4	6	5
4	2	6	5	1	3
6	5	4	2	3	1
3	4	1	6	5	2
2	1	5	3	4	6

63

1	5	2	6	3	4
4	6	1	3	2	5
3	2	4	5	1	6
6	1	3	4	5	2
5	3	6	2	4	1
2	4	5	1	6	3

64

1	5	4	6	2	3
3	2	5	1	4	6
6	4	2	3	5	1
4	1	3	2	6	5
2	6	1	5	3	4
5	3	6	4	1	2

65

5	4	2	6	3	1
3	1	4	5	6	2
2	6	3	1	4	5
1	5	6	4	2	3
6	3	5	2	1	4
4	2	1	3	5	6

66

4	3	1	2	5	6
2	6	3	5	4	1
5	1	4	6	3	2
6	2	5	3	1	4
1	5	2	4	6	3
3	4	6	1	2	5

67

3	6	4	1	2	5
4	5	6	2	3	1
1	2	3	5	4	6
5	3	1	4	6	2
6	1	2	3	5	4
2	4	5	6	1	3

68

3	1	2	6	5	4
6	5	4	1	3	2
2	4	3	5	1	6
1	2	6	3	4	5
5	6	1	4	2	3
4	3	5	2	6	1

69

5	4	1	2	3	6
6	1	3	5	4	2
2	3	4	6	5	1
3	5	2	1	6	4
1	6	5	4	2	3
4	2	6	3	1	5

70

6	3	1	5	4	2
4	5	6	2	3	1
1	2	3	4	5	6
5	6	4	1	2	3
3	4	2	6	1	5
2	1	5	3	6	4

71

9	1	7	4	6	2	8	3	5
6	2	3	8	1	5	9	4	7
8	5	4	3	7	9	1	6	2
5	6	8	9	2	3	7	1	4
4	7	2	1	5	6	3	8	9
1	3	9	7	4	8	5	2	6
2	4	1	5	3	7	6	9	8
7	8	6	2	9	1	4	5	3
3	9	5	6	8	4	2	7	1

72

5	3	9	2	6	8	1	7	4
1	7	2	4	9	3	5	8	6
4	8	6	5	1	7	9	3	2
9	5	1	3	8	2	4	6	7
8	2	7	1	4	6	3	5	9
6	4	3	9	7	5	2	1	8
7	9	4	8	3	1	6	2	5
3	6	5	7	2	9	8	4	1
2	1	8	6	5	4	7	9	3

73

8	5	1	6	2	3	7	4	9
6	3	4	9	7	1	5	8	2
2	9	7	4	5	8	6	3	1
9	4	2	1	6	5	8	7	3
1	7	5	3	8	9	2	6	4
3	8	6	7	4	2	1	9	5
7	1	9	5	3	6	4	2	8
4	2	3	8	1	7	9	5	6
5	6	8	2	9	4	3	1	7

74

9	2	4	5	7	8	6	1	3
6	7	8	1	3	9	2	4	5
1	5	3	6	2	4	7	9	8
3	4	7	8	5	1	9	2	6
8	1	2	3	9	6	4	5	7
5	6	9	7	4	2	3	8	1
7	9	1	2	8	3	5	6	4
2	3	6	4	1	5	8	7	9
4	8	5	9	6	7	1	3	2

75

8	2	5	6	9	7	1	4	3
6	3	9	8	1	4	7	2	5
4	1	7	3	2	5	6	8	9
9	7	1	2	3	6	4	5	8
2	6	8	4	5	9	3	1	7
3	5	4	7	8	1	9	6	2
7	8	6	9	4	2	5	3	1
1	4	3	5	7	8	2	9	6
5	9	2	1	6	3	8	7	4

76

3	2	6	9	8	7	5	4	1
4	5	8	2	1	6	7	3	9
7	1	9	3	5	4	6	8	2
1	4	5	7	6	9	8	2	3
2	6	7	1	3	8	9	5	4
9	8	3	4	2	5	1	7	6
5	7	2	6	9	3	4	1	8
6	3	4	8	7	1	2	9	5
8	9	1	5	4	2	3	6	7

77

2	7	1	8	4	3	6	5	9
4	9	6	7	5	1	2	3	8
5	3	8	9	6	2	1	7	4
3	5	7	1	8	9	4	2	6
1	4	2	6	3	7	8	9	5
8	6	9	4	2	5	3	1	7
9	8	3	2	7	4	5	6	1
6	1	5	3	9	8	7	4	2
7	2	4	5	1	6	9	8	3

78

4	1	3	8	7	9	2	6	5
6	5	9	1	4	2	7	8	3
7	8	2	6	3	5	9	4	1
3	2	6	4	8	7	1	5	9
5	7	1	3	9	6	8	2	4
8	9	4	5	2	1	6	3	7
1	4	5	9	6	8	3	7	2
2	3	8	7	1	4	5	9	6
9	6	7	2	5	3	4	1	8

79

6	3	1	5	8	9	4	2	7
5	4	7	1	6	2	8	3	9
9	8	2	4	7	3	5	6	1
1	6	3	9	5	8	2	7	4
8	5	4	2	1	7	3	9	6
7	2	9	6	3	4	1	8	5
2	1	8	7	9	5	6	4	3
4	7	5	3	2	6	9	1	8
3	9	6	8	4	1	7	5	2

80

8	1	4	7	6	5	9	2	3
5	2	3	9	4	8	6	7	1
7	6	9	2	1	3	8	5	4
2	5	8	1	7	6	4	3	9
6	4	7	8	3	9	2	1	5
9	3	1	4	5	2	7	8	6
4	7	6	5	2	1	3	9	8
3	8	5	6	9	7	1	4	2
1	9	2	3	8	4	5	6	7

81

8	4	1	2	6	9	7	3	5
3	2	5	8	4	7	1	9	6
6	9	7	5	1	3	2	4	8
7	5	4	3	8	1	6	2	9
2	8	3	6	9	5	4	1	7
1	6	9	4	7	2	8	5	3
5	3	8	1	2	6	9	7	4
9	1	6	7	3	4	5	8	2
4	7	2	9	5	8	3	6	1

82

5	8	4	6	3	1	9	7	2
3	7	1	5	9	2	6	4	8
6	2	9	8	7	4	5	1	3
2	5	8	3	1	9	4	6	7
4	1	3	7	6	8	2	9	5
9	6	7	2	4	5	3	8	1
7	4	6	1	2	3	8	5	9
1	3	5	9	8	6	7	2	4
8	9	2	4	5	7	1	3	6

83

4	2	8	6	5	3	7	9	1
5	7	3	9	1	8	6	2	4
1	6	9	4	2	7	3	8	5
2	9	5	8	3	1	4	7	6
7	3	6	5	9	4	8	1	2
8	1	4	7	6	2	5	3	9
9	8	7	2	4	5	1	6	3
3	5	2	1	7	6	9	4	8
6	4	1	3	8	9	2	5	7

84

2	3	6	1	8	7	5	4	9
5	9	1	3	4	2	7	8	6
7	4	8	5	9	6	3	2	1
6	8	7	9	3	4	2	1	5
1	2	9	8	7	5	6	3	4
3	5	4	6	2	1	8	9	7
9	7	2	4	5	3	1	6	8
8	6	3	7	1	9	4	5	2
4	1	5	2	6	8	9	7	3

85

8	5	7	3	1	9	4	6	2
1	9	2	6	4	7	5	8	3
3	6	4	2	5	8	7	1	9
4	7	3	8	9	5	6	2	1
5	2	8	1	6	3	9	4	7
9	1	6	4	7	2	8	3	5
6	8	5	9	3	1	2	7	4
2	3	9	7	8	4	1	5	6
7	4	1	5	2	6	3	9	8

86

2	7	3	8	9	6	5	4	1
9	1	4	7	2	5	8	6	3
5	6	8	4	1	3	2	9	7
8	9	6	2	7	4	3	1	5
3	5	2	1	6	8	9	7	4
7	4	1	3	5	9	6	2	8
6	8	7	5	4	2	1	3	9
1	2	5	9	3	7	4	8	6
4	3	9	6	8	1	7	5	2

87

7	6	8	5	1	9	2	3	4
4	3	2	8	7	6	1	5	9
9	1	5	4	2	3	7	8	6
5	7	1	3	6	4	8	9	2
3	4	6	9	8	2	5	1	7
8	2	9	7	5	1	6	4	3
2	5	4	1	3	7	9	6	8
1	9	7	6	4	8	3	2	5
6	8	3	2	9	5	4	7	1

88

2	3	6	7	1	9	4	8	5
4	5	7	3	2	8	6	9	1
8	1	9	5	6	4	7	3	2
5	2	1	4	7	3	8	6	9
9	4	3	8	5	6	1	2	7
6	7	8	1	9	2	3	5	4
7	8	5	2	3	1	9	4	6
3	6	2	9	4	7	5	1	8
1	9	4	6	8	5	2	7	3

89

1	4	5	9	2	6	8	3	7
9	7	3	8	1	4	2	5	6
2	6	8	5	3	7	9	1	4
3	5	4	1	9	8	6	7	2
7	1	2	4	6	5	3	9	8
8	9	6	2	7	3	5	4	1
5	3	7	6	4	2	1	8	9
6	8	1	7	5	9	4	2	3
4	2	9	3	8	1	7	6	5

90

6	7	1	9	3	2	4	5	8
4	2	5	6	1	8	9	7	3
3	9	8	4	5	7	2	6	1
8	6	4	2	7	9	3	1	5
2	1	3	5	4	6	8	9	7
9	5	7	3	8	1	6	2	4
7	4	6	1	9	3	5	8	2
5	8	9	7	2	4	1	3	6
1	3	2	8	6	5	7	4	9

91

5	2	7	6	1	9	3	4	8
9	6	4	8	3	7	1	5	2
1	3	8	5	2	4	7	9	6
8	4	1	9	5	3	2	6	7
6	9	3	1	7	2	4	8	5
2	7	5	4	8	6	9	3	1
3	8	6	7	9	1	5	2	4
4	1	9	2	6	5	8	7	3
7	5	2	3	4	8	6	1	9

92

2	1	5	6	3	9	4	8	7
6	9	8	2	4	7	5	1	3
3	4	7	8	1	5	2	6	9
8	7	1	5	9	3	6	4	2
5	2	9	1	6	4	7	3	8
4	3	6	7	2	8	1	9	5
9	6	2	3	5	1	8	7	4
7	5	4	9	8	6	3	2	1
1	8	3	4	7	2	9	5	6

93

8	5	1	4	2	3	9	7	6
9	2	7	6	8	1	5	4	3
4	3	6	9	7	5	1	2	8
2	4	9	8	5	7	6	3	1
3	1	5	2	4	6	8	9	7
6	7	8	3	1	9	4	5	2
5	9	3	7	6	8	2	1	4
7	8	4	1	9	2	3	6	5
1	6	2	5	3	4	7	8	9

94

5	8	3	9	7	1	4	2	6
9	1	6	4	2	5	3	7	8
4	2	7	3	8	6	5	1	9
1	4	9	6	3	2	7	8	5
6	7	2	5	4	8	1	9	3
8	3	5	7	1	9	2	6	4
3	9	4	2	6	7	8	5	1
2	5	8	1	9	3	6	4	7
7	6	1	8	5	4	9	3	2

95

6	7	2	9	1	5	8	3	4
3	4	1	2	8	7	6	5	9
9	8	5	6	3	4	7	1	2
1	9	6	3	4	8	2	7	5
8	2	7	5	9	6	1	4	3
4	5	3	1	7	2	9	8	6
7	1	9	4	6	3	5	2	8
2	6	4	8	5	1	3	9	7
5	3	8	7	2	9	4	6	1

96

9	8	4	6	3	5	2	1	7
2	1	3	7	8	9	5	6	4
7	6	5	2	4	1	3	8	9
5	4	7	8	1	3	9	2	6
1	9	8	4	2	6	7	3	5
6	3	2	9	5	7	8	4	1
8	7	9	1	6	2	4	5	3
4	5	1	3	9	8	6	7	2
3	2	6	5	7	4	1	9	8

97

4	8	7	2	9	5	3	1	6
9	3	5	1	7	6	2	4	8
6	1	2	3	8	4	5	7	9
2	6	1	4	5	8	7	9	3
8	7	9	6	3	2	1	5	4
5	4	3	7	1	9	6	8	2
7	9	6	5	4	3	8	2	1
1	2	8	9	6	7	4	3	5
3	5	4	8	2	1	9	6	7

98

5	1	9	8	2	4	7	3	6
7	4	3	9	6	1	5	8	2
2	6	8	7	3	5	9	4	1
8	9	2	6	1	7	4	5	3
6	3	4	5	8	9	2	1	7
1	5	7	3	4	2	6	9	8
4	7	6	1	5	3	8	2	9
3	8	5	2	9	6	1	7	4
9	2	1	4	7	8	3	6	5

99

3	4	8	5	7	2	9	1	6
5	2	1	6	9	8	4	3	7
9	7	6	1	4	3	5	8	2
8	1	5	2	3	6	7	4	9
7	6	4	9	1	5	3	2	8
2	9	3	4	8	7	6	5	1
4	5	7	8	6	1	2	9	3
6	8	2	3	5	9	1	7	4
1	3	9	7	2	4	8	6	5

100

6	9	7	5	1	2	4	8	3
1	2	3	7	8	4	9	6	5
5	4	8	3	9	6	7	1	2
3	7	4	9	6	5	8	2	1
8	6	2	1	4	7	3	5	9
9	1	5	2	3	8	6	4	7
2	3	6	8	7	1	5	9	4
7	8	1	4	5	9	2	3	6
4	5	9	6	2	3	1	7	8

101

2	3	5	9	1	4	8	7	6
9	7	8	5	6	3	4	1	2
1	6	4	2	8	7	9	5	3
8	5	1	7	2	9	6	3	4
7	9	2	4	3	6	5	8	1
6	4	3	8	5	1	7	2	9
4	8	9	1	7	2	3	6	5
5	1	6	3	9	8	2	4	7
3	2	7	6	4	5	1	9	8

102

6	1	7	5	9	8	3	2	4
3	5	8	4	2	6	1	7	9
2	9	4	7	3	1	8	5	6
5	8	6	9	7	4	2	3	1
4	7	3	8	1	2	6	9	5
9	2	1	6	5	3	7	4	8
8	3	2	1	4	9	5	6	7
7	6	9	3	8	5	4	1	2
1	4	5	2	6	7	9	8	3

103

8	9	5	1	4	6	7	3	2
7	2	1	5	3	8	6	9	4
3	4	6	7	2	9	5	8	1
6	1	3	4	9	2	8	5	7
4	5	8	6	7	1	9	2	3
2	7	9	8	5	3	1	4	6
5	6	2	3	8	7	4	1	9
9	8	7	2	1	4	3	6	5
1	3	4	9	6	5	2	7	8

104

2	4	3	1	9	7	6	8	5
1	9	8	5	6	2	3	4	7
6	7	5	8	3	4	2	9	1
3	6	7	9	4	1	8	5	2
5	2	4	6	8	3	7	1	9
9	8	1	2	7	5	4	3	6
7	5	2	3	1	8	9	6	4
4	3	9	7	5	6	1	2	8
8	1	6	4	2	9	5	7	3

105

4	1	2	3	8	7	9	5	6
5	3	7	9	2	6	4	1	8
6	9	8	5	4	1	2	3	7
3	5	1	4	7	9	6	8	2
9	2	6	1	5	8	3	7	4
8	7	4	2	6	3	1	9	5
7	8	9	6	1	4	5	2	3
2	6	3	7	9	5	8	4	1
1	4	5	8	3	2	7	6	9

106

4	1	7	9	2	3	5	8	6
5	6	2	1	4	8	9	3	7
9	3	8	5	7	6	4	1	2
2	8	5	7	1	9	3	6	4
6	7	4	8	3	5	2	9	1
3	9	1	4	6	2	7	5	8
7	4	9	6	5	1	8	2	3
8	2	6	3	9	7	1	4	5
1	5	3	2	8	4	6	7	9

107

9	7	3	6	5	8	4	2	1
5	1	2	7	9	4	3	8	6
4	6	8	2	3	1	5	9	7
1	4	7	5	6	9	2	3	8
2	8	9	4	7	3	6	1	5
6	3	5	8	1	2	9	7	4
8	2	6	3	4	7	1	5	9
3	9	4	1	8	5	7	6	2
7	5	1	9	2	6	8	4	3

108

7	5	9	8	3	6	2	4	1
1	8	2	5	9	4	3	6	7
4	6	3	7	2	1	9	8	5
5	2	1	3	6	8	7	9	4
6	4	8	9	7	2	1	5	3
9	3	7	1	4	5	6	2	8
8	9	6	4	1	7	5	3	2
3	7	5	2	8	9	4	1	6
2	1	4	6	5	3	8	7	9

109

2	5	6	3	7	8	9	1	4
9	7	3	5	1	4	2	6	8
8	4	1	6	2	9	3	7	5
5	3	9	4	8	7	1	2	6
4	1	7	2	6	3	5	8	9
6	8	2	9	5	1	4	3	7
1	6	5	8	9	2	7	4	3
3	2	8	7	4	5	6	9	1
7	9	4	1	3	6	8	5	2

110

8	6	3	9	7	2	1	5	4
5	2	9	4	1	3	6	8	7
7	1	4	6	5	8	2	9	3
2	4	1	8	9	7	5	3	6
6	9	7	1	3	5	4	2	8
3	5	8	2	6	4	9	7	1
9	3	6	5	8	1	7	4	2
4	7	5	3	2	6	8	1	9
1	8	2	7	4	9	3	6	5

111

1	3	8	2	4	9	5	7	6
5	9	7	1	6	8	2	3	4
6	4	2	7	3	5	1	9	8
4	5	6	8	9	2	3	1	7
2	7	9	3	1	4	6	8	5
3	8	1	5	7	6	4	2	9
8	6	4	9	2	3	7	5	1
7	2	5	4	8	1	9	6	3
9	1	3	6	5	7	8	4	2

112

3	5	8	7	6	2	9	1	4
6	1	9	4	8	3	2	7	5
4	7	2	5	1	9	8	6	3
1	6	4	3	9	7	5	2	8
2	3	5	6	4	8	1	9	7
8	9	7	1	2	5	3	4	6
7	8	1	9	5	6	4	3	2
9	2	6	8	3	4	7	5	1
5	4	3	2	7	1	6	8	9

113

3	1	6	9	2	7	4	5	8
5	8	2	1	6	4	9	3	7
9	4	7	8	5	3	2	6	1
8	9	1	4	3	5	7	2	6
2	6	4	7	9	1	5	8	3
7	3	5	6	8	2	1	4	9
1	7	3	2	4	6	8	9	5
4	5	9	3	1	8	6	7	2
6	2	8	5	7	9	3	1	4

114

2	1	5	3	9	4	6	7	8
4	3	9	7	6	8	5	2	1
7	6	8	2	1	5	3	9	4
6	2	7	5	4	1	9	8	3
8	9	4	6	2	3	1	5	7
3	5	1	9	8	7	4	6	2
9	8	2	4	3	6	7	1	5
5	4	6	1	7	2	8	3	9
1	7	3	8	5	9	2	4	6

115

6	7	4	5	3	9	2	1	8
8	2	9	7	1	6	3	5	4
5	3	1	8	2	4	9	6	7
1	4	6	9	7	5	8	2	3
9	5	2	3	8	1	7	4	6
7	8	3	4	6	2	5	9	1
2	1	7	6	9	8	4	3	5
4	6	8	2	5	3	1	7	9
3	9	5	1	4	7	6	8	2

116

7	6	3	1	9	8	5	4	2
5	8	9	2	3	4	1	6	7
2	4	1	6	5	7	3	9	8
8	2	4	3	6	1	9	7	5
9	7	5	4	8	2	6	3	1
1	3	6	5	7	9	8	2	4
4	5	2	9	1	3	7	8	6
3	1	8	7	2	6	4	5	9
6	9	7	8	4	5	2	1	3

117

1	5	4	6	2	3	9	7	8
8	3	7	5	9	4	1	6	2
2	9	6	1	8	7	5	3	4
6	7	1	3	4	9	8	2	5
3	2	9	7	5	8	6	4	1
4	8	5	2	1	6	7	9	3
5	1	3	9	6	2	4	8	7
7	6	8	4	3	1	2	5	9
9	4	2	8	7	5	3	1	6

118

5	7	8	3	6	9	1	2	4
9	3	6	2	4	1	7	8	5
2	1	4	7	5	8	9	3	6
8	4	7	5	9	2	6	1	3
3	5	1	4	7	6	8	9	2
6	2	9	8	1	3	5	4	7
1	9	3	6	2	5	4	7	8
4	6	2	1	8	7	3	5	9
7	8	5	9	3	4	2	6	1

119

4	7	9	1	3	5	8	6	2
6	2	1	4	9	8	7	5	3
5	3	8	6	7	2	1	4	9
1	8	5	7	2	6	9	3	4
2	9	7	5	4	3	6	1	8
3	6	4	8	1	9	2	7	5
8	5	3	9	6	1	4	2	7
9	4	6	2	5	7	3	8	1
7	1	2	3	8	4	5	9	6

120

6	4	5	1	9	8	7	2	3
9	2	7	6	4	3	5	8	1
1	8	3	5	2	7	6	4	9
5	1	6	3	7	4	2	9	8
3	9	8	2	1	5	4	6	7
4	7	2	9	8	6	1	3	5
8	6	9	7	5	2	3	1	4
2	5	1	4	3	9	8	7	6
7	3	4	8	6	1	9	5	2

121

8	3	7	9	4	5	2	6	1
9	6	1	3	2	7	5	4	8
2	4	5	6	8	1	9	7	3
7	2	4	8	3	9	1	5	6
3	1	6	4	5	2	8	9	7
5	8	9	7	1	6	3	2	4
1	9	3	2	6	4	7	8	5
6	5	2	1	7	8	4	3	9
4	7	8	5	9	3	6	1	2

122

9	8	1	4	5	2	3	6	7
7	6	2	8	1	3	5	4	9
3	4	5	9	7	6	8	1	2
4	2	6	1	8	9	7	3	5
8	1	7	3	2	5	4	9	6
5	3	9	6	4	7	1	2	8
1	7	4	2	6	8	9	5	3
6	5	3	7	9	1	2	8	4
2	9	8	5	3	4	6	7	1

123

9	7	5	8	1	3	2	4	6
4	2	1	7	9	6	5	3	8
6	3	8	2	4	5	1	7	9
5	9	3	1	6	2	4	8	7
1	4	6	9	8	7	3	2	5
2	8	7	3	5	4	9	6	1
7	1	4	5	3	8	6	9	2
8	6	9	4	2	1	7	5	3
3	5	2	6	7	9	8	1	4

124

8	7	6	2	9	5	1	3	4
5	1	4	3	7	6	8	9	2
2	9	3	1	4	8	5	6	7
3	8	1	9	5	7	4	2	6
6	2	9	8	3	4	7	5	1
4	5	7	6	1	2	9	8	3
1	3	5	7	6	9	2	4	8
9	6	8	4	2	1	3	7	5
7	4	2	5	8	3	6	1	9

125

4	6	8	5	2	1	3	7	9
2	5	3	4	9	7	6	1	8
7	9	1	8	6	3	2	4	5
9	1	7	3	8	2	4	5	6
8	4	2	7	5	6	9	3	1
6	3	5	1	4	9	7	8	2
5	2	4	9	3	8	1	6	7
1	8	6	2	7	4	5	9	3
3	7	9	6	1	5	8	2	4

126

3	5	8	7	6	1	4	2	9
2	7	9	3	4	8	1	5	6
6	1	4	5	9	2	8	3	7
7	4	1	2	3	6	5	9	8
8	9	3	4	1	5	6	7	2
5	6	2	9	8	7	3	1	4
4	2	6	1	5	9	7	8	3
9	3	5	8	7	4	2	6	1
1	8	7	6	2	3	9	4	5

127

9	2	5	8	3	6	1	4	7
7	8	1	5	4	2	3	6	9
4	6	3	1	7	9	5	8	2
2	5	7	9	6	4	8	3	1
3	4	8	7	2	1	6	9	5
6	1	9	3	8	5	2	7	4
5	9	4	6	1	8	7	2	3
8	3	2	4	5	7	9	1	6
1	7	6	2	9	3	4	5	8

128

2	9	7	6	1	8	3	4	5
4	8	1	5	3	7	2	9	6
5	6	3	9	2	4	8	1	7
7	5	8	4	6	1	9	3	2
1	3	9	2	8	5	7	6	4
6	2	4	7	9	3	1	5	8
8	7	6	3	4	9	5	2	1
9	4	5	1	7	2	6	8	3
3	1	2	8	5	6	4	7	9

129

2	4	9	6	7	8	3	1	5
6	5	8	3	1	4	9	2	7
3	7	1	2	9	5	8	6	4
1	6	7	5	4	3	2	9	8
9	8	3	7	2	6	4	5	1
5	2	4	9	8	1	6	7	3
8	9	6	1	3	7	5	4	2
4	1	5	8	6	2	7	3	9
7	3	2	4	5	9	1	8	6

130

5	4	9	3	7	1	8	6	2
8	3	6	9	2	4	1	5	7
2	7	1	6	8	5	3	9	4
3	9	4	2	5	6	7	1	8
1	8	5	7	4	3	9	2	6
7	6	2	8	1	9	5	4	3
6	5	8	1	3	2	4	7	9
9	1	3	4	6	7	2	8	5
4	2	7	5	9	8	6	3	1

131

4	5	1	8	6	7	9	2	3
8	3	2	5	4	9	1	7	6
9	7	6	1	3	2	8	4	5
7	9	5	4	1	8	3	6	2
2	4	3	6	9	5	7	8	1
1	6	8	7	2	3	5	9	4
5	1	9	2	7	4	6	3	8
6	2	7	3	8	1	4	5	9
3	8	4	9	5	6	2	1	7

132

1	5	6	8	3	2	9	4	7
4	9	2	1	7	6	8	5	3
8	7	3	5	4	9	6	1	2
2	4	9	6	5	3	7	8	1
6	8	1	9	2	7	4	3	5
7	3	5	4	8	1	2	9	6
3	6	8	2	9	5	1	7	4
9	2	7	3	1	4	5	6	8
5	1	4	7	6	8	3	2	9

133

9	7	3	8	6	4	2	1	5
6	4	1	5	2	3	9	7	8
8	2	5	7	1	9	6	3	4
3	6	4	9	8	7	5	2	1
7	9	2	1	5	6	8	4	3
1	5	8	4	3	2	7	9	6
4	1	7	6	9	8	3	5	2
2	8	9	3	4	5	1	6	7
5	3	6	2	7	1	4	8	9

134

3	6	7	9	1	2	8	5	4
2	1	4	5	8	6	7	3	9
8	5	9	7	3	4	6	2	1
6	4	5	8	2	7	9	1	3
7	2	3	1	9	5	4	8	6
9	8	1	4	6	3	5	7	2
5	7	6	2	4	1	3	9	8
4	9	2	3	5	8	1	6	7
1	3	8	6	7	9	2	4	5

135

6	4	2	5	8	7	1	3	9
9	3	5	2	1	4	6	8	7
8	1	7	9	6	3	2	5	4
2	9	4	8	3	6	7	1	5
5	8	1	7	4	2	9	6	3
3	7	6	1	5	9	8	4	2
1	2	3	4	7	8	5	9	6
4	5	9	6	2	1	3	7	8
7	6	8	3	9	5	4	2	1

136

6	5	7	4	3	2	1	9	8
4	1	3	9	7	8	5	2	6
9	2	8	6	5	1	7	3	4
7	3	9	2	6	4	8	5	1
2	8	5	7	1	9	4	6	3
1	4	6	3	8	5	2	7	9
5	9	4	1	2	3	6	8	7
8	6	1	5	9	7	3	4	2
3	7	2	8	4	6	9	1	5

137

4	8	7	9	1	6	3	2	5
6	5	9	7	3	2	8	1	4
3	2	1	8	5	4	6	7	9
5	1	3	6	7	8	4	9	2
2	6	4	1	9	5	7	3	8
7	9	8	4	2	3	1	5	6
9	3	6	2	8	1	5	4	7
8	7	5	3	4	9	2	6	1
1	4	2	5	6	7	9	8	3

138

8	9	3	7	2	5	4	6	1
5	1	6	3	9	4	2	8	7
2	7	4	6	1	8	9	5	3
9	3	2	8	6	1	7	4	5
7	5	8	9	4	2	3	1	6
6	4	1	5	7	3	8	2	9
3	8	7	2	5	6	1	9	4
4	6	9	1	8	7	5	3	2
1	2	5	4	3	9	6	7	8

139

3	1	7	9	2	8	4	5	6
6	9	5	4	3	7	2	8	1
2	4	8	1	5	6	3	7	9
1	3	6	8	9	2	7	4	5
5	8	4	7	6	3	1	9	2
9	7	2	5	1	4	8	6	3
8	5	9	3	4	1	6	2	7
7	2	1	6	8	5	9	3	4
4	6	3	2	7	9	5	1	8

140

8	5	3	2	7	9	1	4	6
6	2	9	3	4	1	8	5	7
1	4	7	6	8	5	9	3	2
5	1	8	7	2	4	3	6	9
3	6	4	9	5	8	7	2	1
9	7	2	1	6	3	5	8	4
7	8	5	4	1	6	2	9	3
4	9	1	8	3	2	6	7	5
2	3	6	5	9	7	4	1	8

141

8	2	7	4	3	5	9	6	1
9	6	4	1	8	7	2	5	3
3	1	5	6	9	2	8	4	7
1	3	9	8	2	6	5	7	4
5	7	8	9	1	4	3	2	6
2	4	6	5	7	3	1	9	8
7	5	2	3	4	8	6	1	9
6	9	3	7	5	1	4	8	2
4	8	1	2	6	9	7	3	5

142

8	9	7	1	6	4	5	2	3
1	4	5	8	2	3	7	9	6
2	6	3	7	9	5	1	8	4
3	8	1	4	7	2	6	5	9
4	5	6	9	8	1	3	7	2
9	7	2	5	3	6	8	4	1
5	3	4	2	1	8	9	6	7
7	1	8	6	4	9	2	3	5
6	2	9	3	5	7	4	1	8

143

3	9	4	2	8	6	1	5	7
8	5	2	7	9	1	6	4	3
7	1	6	5	3	4	8	2	9
4	2	1	9	6	3	5	7	8
6	8	5	4	1	7	9	3	2
9	3	7	8	2	5	4	1	6
2	4	9	1	7	8	3	6	5
5	7	3	6	4	9	2	8	1
1	6	8	3	5	2	7	9	4

144

6	8	7	3	2	1	9	5	4
9	1	3	7	5	4	6	2	8
2	5	4	9	6	8	7	3	1
3	6	8	4	7	2	1	9	5
4	7	5	1	9	6	2	8	3
1	2	9	5	8	3	4	7	6
5	4	2	6	3	7	8	1	9
8	3	6	2	1	9	5	4	7
7	9	1	8	4	5	3	6	2

145

1	2	9	3	5	8	4	6	7
8	6	4	7	1	2	5	9	3
7	3	5	4	6	9	8	2	1
6	8	1	5	2	4	3	7	9
5	4	2	9	3	7	6	1	8
3	9	7	1	8	6	2	4	5
4	7	6	8	9	3	1	5	2
2	1	3	6	7	5	9	8	4
9	5	8	2	4	1	7	3	6

146

2	7	8	5	3	9	1	4	6
6	9	5	1	8	4	7	3	2
3	1	4	2	7	6	9	5	8
5	3	7	4	1	2	6	8	9
4	6	1	3	9	8	5	2	7
9	8	2	7	6	5	3	1	4
8	4	6	9	5	3	2	7	1
7	5	9	8	2	1	4	6	3
1	2	3	6	4	7	8	9	5

147

4	3	2	8	7	6	1	5	9
7	1	6	9	3	5	4	8	2
9	8	5	1	4	2	3	7	6
8	7	3	2	1	9	6	4	5
5	9	1	4	6	8	2	3	7
2	6	4	3	5	7	9	1	8
3	5	7	6	9	1	8	2	4
6	4	8	7	2	3	5	9	1
1	2	9	5	8	4	7	6	3

148

6	5	7	4	3	8	2	9	1
4	1	2	9	6	5	7	3	8
3	9	8	7	2	1	6	4	5
9	2	4	5	1	6	3	8	7
8	6	1	2	7	3	9	5	4
7	3	5	8	4	9	1	6	2
1	8	3	6	5	2	4	7	9
2	4	9	3	8	7	5	1	6
5	7	6	1	9	4	8	2	3

149

6	5	8	1	2	7	4	3	9
2	7	9	4	5	3	6	8	1
4	1	3	9	6	8	7	2	5
9	6	4	8	3	1	5	7	2
1	3	2	5	7	6	9	4	8
5	8	7	2	9	4	3	1	6
7	4	1	6	8	5	2	9	3
8	2	5	3	4	9	1	6	7
3	9	6	7	1	2	8	5	4

150

5	1	6	3	4	9	2	8	7
4	3	7	8	2	5	6	9	1
2	9	8	1	6	7	5	3	4
8	2	3	5	9	4	7	1	6
1	7	9	2	3	6	8	4	5
6	5	4	7	1	8	9	2	3
3	8	1	6	5	2	4	7	9
7	4	5	9	8	3	1	6	2
9	6	2	4	7	1	3	5	8

Worldwide Acclaim for Sudoku

"Diabolically addictive."
  —*New York Post*

"A puzzling global phenomenon."
  —*The Economist*

"The biggest craze to hit *The Times* since the first crossword
puzzle was published in 1935."
  —*The Times* of London

"The latest craze in games."
  —BBC News

"Sudoku is dangerous stuff. Forget work and family—think
papers hurled across the room and industrial-sized blobs of
correction fluid. I love it!"
  —*The Times* of London

"Sudoku are to the first decade of the twenty-first century
what Rubik's Cube was to the 1970s."
  —*The Daily Telegraph*

"Britain has a new addiction. Hunched over newspapers on
crowded subway trains, sneaking secret peeks in the office, a
puzzle-crazy nation is trying to slot numbers into small
checkerboard grids."
  —Associated Press

"Forget crosswords."
  —*The Christian Science Monitor*